이필렬
지구 환경을 살리려면 에너지 문제 해결이 가장 중요하다고 생각하며 에너지를 공부하는 과학자이다.
서울대학교에서 화학을 공부하다가 독일 베를린공과대학으로 가서 과학 박사 학위를 받았다.
'에너지전환'이라는 시민 단체를 만들어서 활동했고, 2002년에는 회원들과 함께 한국 최초로 시민 태양광 발전소를 건설했다.
지금은 에너지를 아주 적게 쓰는 파시브하우스를 연구하고 알리는 일을 하고 있다. 또한 한국방송통신대학에서
환경과 과학을 가르치는 일을 25년 넘게 하고 있다. 지은 책으로 《에너지 대안을 찾아서》, 《다시 태양의 시대로》,
《석유시대 언제까지 갈 것인가》 등이 있다.

이경석
만화가이자 일러스트레이터로 활동하고 있다. 톡톡 튀는 남다른 이야기를 찾고자 노력하는 작가이다.
쓰고 그린 책으로는 만화책 《전원교향곡 1》, 《음식이는 재수 없어》 등이 있고, 그린 책으로는 《얼씨구 좋다 판소리》,
《한밤의 철새 통신》, 《난 노란 옷이 좋아!》, 《형제가 간다》, 《너구리 판사 풍풍이》, 《오메 돈 벌자고?》 등이 있다.

네버랜드 자연학교 에너지 편을 즐기는 7가지 단계

안녕 에너지	호기심을 자극하는 질문을 던져요.
반가워 에너지	일상에서 벌어지는 에너지 이야기를 만나요.
궁금해 에너지	주변에 있는 에너지를 살펴보며 흥미를 돋워요.
놀라워 에너지	에너지의 신기하고 재미난 점들을 알아 가요.
생각해 에너지	에너지를 깊고 넓게 들여다보며 생각해요.
즐기자 에너지	에너지를 느낄 수 있는 다양한 놀이를 즐겨요.
지키자 에너지	에너지를 이용하고 지키는 방법을 나누어요.

바람도 태양 에너지로 움직여요.
햇빛을 받아 공기가 따뜻해지면 가벼워져서 위로 올라가지요.
그러면 공기가 있던 자리에 빈 공간이 생기고, 빈 공간을
채우기 위해 옆쪽의 공기가 움직여요.
공기가 움직이는 것,
이게 바로 '바람'이에요.

여기는
눈이 내리는군.

궁금해 에너지

앗, 뜨거워!
깜짝이야!

간헐천은 일정한 간격을 두고 뜨거운 물이나 수증기를 뿜었다가 멈췄다가 하는 온천이에요.

땅속으로 계속 내려가면 점점 뜨거워져요. 땅속 깊은 곳은 지구가 생겨날 때부터 있었던 에너지를 품고 있지요.

땅속의 암석이 뜨거운 열에 녹은 것을 '마그마'라고 해요. 화산이 폭발할 때 마그마가 분출되어 흘러내리는데, 이것을 '용암'이라고 하지요.

- 화산 폭발
- 용암
- 마그마

온천물은 땅속 뜨거운 열로 데워진 지하수예요.

핵

외핵

외핵은 맨틀과 내핵 사이에 있으며, 액체 상태예요.

- 에너지

맨틀

맨틀은 지구 표면과 외핵 사이를 말해요. 딱딱한 물질로 이루어져 있어요.

지구 표면

달

달도 에너지를 갖고 있을까요?

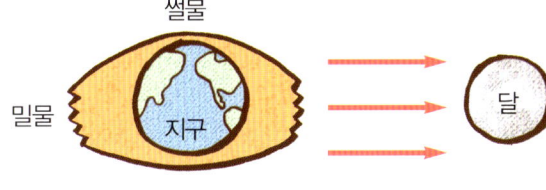

밀물 / 썰물 / 지구 / 달

지구처럼 달도 약간의 에너지를 갖고 있어요. 달의 에너지 때문에 바다에서 밀물과 썰물 현상이 생겨요.

불의 에너지를 이용해요

"불이야!"
화산이 폭발하자 사람들은 벌벌 떨었어요.
하지만 사람들은 점차 불을 다루는 법을 알게 됐어요.
불에서 나오는 뜨겁고 밝은 에너지는
여러모로 쓸모가 많았지요.

사람들이 에너지를 이용하기 시작했어!

불은 동물의 공격을 막아 줘요.

불을 지펴 그릇을 구워요.

불로 음식을 익혀 먹어요.

전기 에너지를 만들어요

불, 물, 바람은
모두 자연으로부터 온 에너지예요.
사람들은 이 에너지를 이용해 전기 에너지를 만들었어요.
석탄과 석유를 태우거나
흐르는 강물이나 쌩쌩 부는 바람을
이용해 전기를 만들어요.

화력 발전소는 석탄이나 석유로 물을 끓여요. 이때 발생하는 수증기로 발전기를 돌려서 전기를 만들지요.

수증기 · 터빈 · 물 공급 · 발전기 · 펌프 · 보일러

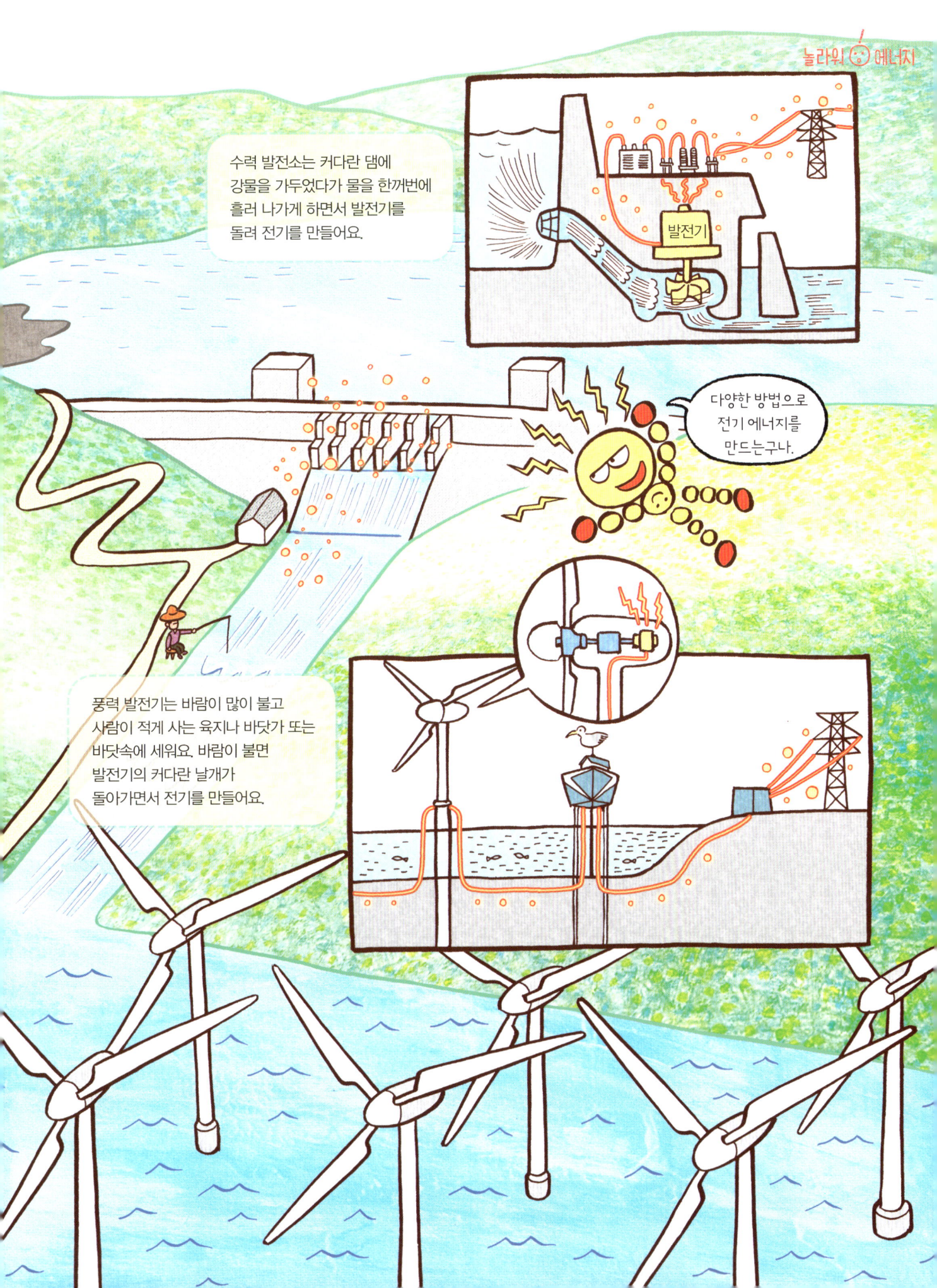

세상은 전기 에너지로 움직여요

전깃줄을 타고 도시로 들어온 전기로 씽씽 쌩쌩 지하철이 달려요.
밤에도 대낮처럼 환하게 번쩍번쩍 불을 밝히지요.
공장에서는 전기로 윙윙 기계를 돌려, 우리가
먹고 입고 쓰는 물건들을 쉴 새 없이 만들어요.
세상은 전기 에너지로 힘차게 돌아가요.

에너지로 돌아가는 세상. 정말 멋지지?

에너지가 변신의 귀재라고요?

에너지는 여러 모습으로 변해요. 높은 산 위에 물 한 병을 가져다 놓으면, 이 물병에는 위치 에너지가 담겨 있어요. 이 물병을 아래로 던지면 땅바닥에 구멍이 생겨요. 위치 에너지가 운동 에너지로 변해서 땅에 힘을 가했기 때문이에요. 화력, 수력, 풍력, 태양, 원자력 발전소에서 만들어진 전기 에너지는 어두운 곳을 환히 밝히는 빛 에너지로, 기계를 돌리는 운동 에너지로, 물을 끓이는 열에너지로 변해요.

위치 에너지 → 운동 에너지 → 전기 에너지 → 빛 에너지 / 열에너지 / 운동 에너지

부족한 에너지 자원

우리가 에너지를 얻는 석유, 석탄, 천연가스,
우라늄은 모두 땅속에 묻혀 있어요.
계속 파내서 사용하면 점점 줄어 언젠가는 없어져요.
그동안 펑펑 쓴 탓에 벌써 많이 줄었어요.

에너지 원료가 부족해서 큰일 났네.

사람들은 도대체 얼마나 에너지를 쓰는 거야?

땅에 남아 있는 석유가 부족해서
이제는 깊은 바닷속에 묻혀 있는
석유까지 퍼 올리고 있어요.

고작해야 석탄은 앞으로 110~130년, 석유는 50년,
우라늄은 100년 정도 사용할 수 있을 것으로 예상하고 있어요.
이제 화석 연료에서 에너지를 얻을 수 있는 시간이 얼마 남지 않았어요.

100여 년 전에는 미국 남부 지역에서
쉽게 석유를 퍼 올릴 수 있었어요.
지금은 열심히 파도 조금밖에 나오지 않아요.

때로는 위험한 에너지

쿵! 쿵!
2011년 3월 11일, 일본에서 큰 지진과 쓰나미가 일어났어요.
이 때문에 일본 후쿠시마 현에 있던 원자력 발전소에서
방사능이 쏟아져 나오는 사고가 발생했지요.
방사능은 사람의 목숨을 빼앗을 정도로 아주 위험해요.
이 사고로 일본과 가까운 나라뿐만 아니라
전 세계가 공포에 떨었어요.

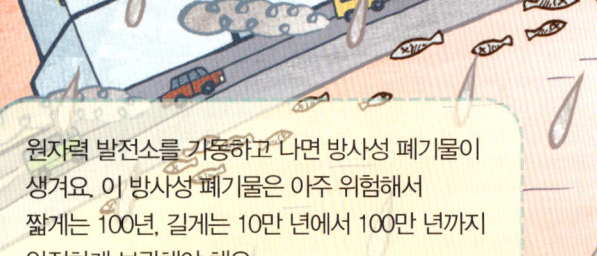

원자력 발전소를 가동하고 나면 방사성 폐기물이 생겨요. 이 방사성 폐기물은 아주 위험해서 짧게는 100년, 길게는 10만 년에서 100만 년까지 안전하게 보관해야 해요.

1986년 4월 26일, 우크라이나의 체르노빌 원자력 발전소에서 방사능 유출 사고가 발생했어요. 이 때문에 수많은 사람들이 목숨을 잃었어요. 또 암 환자와 기형아도 많이 생겼어요.

우크라이나
체르노빌

지구를 살리는 새로운 에너지

태양은 언제나 지구를 비출 거예요.
지구로 오는 태양 에너지의 양은 엄청나요.
게다가 태양 에너지는 방사능도 만들지 않고 공기도 오염시키지 않지요.
사람들은 점차 태양 에너지 같은 친환경 에너지에 관심을 기울이고 있어요. 미래에는 태양, 바람, 물, 농작물, 쓰레기 같은 것에서 에너지를 얻게 될 거예요.

식물 성분으로 플라스틱 장난감을 만드는 방법이 연구되고 있어요. 아직은 힘들지만, 앞으로는 분해되어 다시 자연으로 돌아가는 플라스틱 제품이 개발될 수도 있어요.

옥수수나 사탕수수 같은 식물을 발효시켜 바이오 에탄올을 얻어요. 바이오 에탄올은 난방이나 자동차 연료로 이용할 수 있지요.

에너지는 우리의 미래

우리는 에너지 없이 살 수 없어요.
우리가 미래의 에너지에 대해 관심을 가져야 하는 이유이지요.
미래에는 석유, 석탄, 원자력 대신
새로운 에너지 연료가 개발될 거예요.
풍요롭고 아름다운 지구에서 오래도록 잘살기 위해서
우리는 친환경 에너지를 찾기 위해 노력해야 해요.
또 에너지를 적게 쓰고 아끼는 지혜가 필요하지요.
에너지를 잘 이용해야 지구도, 사람도
건강할 수 있어요.

우리 주변의 다양한 에너지

우리는 생활 속에서 늘 에너지를 이용해요.
우리가 사용하고 있는 에너지와
에너지를 나타내는 방법을 찾아볼까요?

생활 속에 숨어 있는 석유 에너지를 찾아라!

우리가 타고 다니는 자동차, 오토바이, 비행기는 모두 석유로 움직여요. 핸드폰, 플라스틱 장난감, 아스팔트 도로, 페트병, 페인트, 합성 섬유도 석유로 만들지요. 그 밖에 석유가 사용된 다양한 것들을 찾아보아요.

- 비행기
- 합성 섬유로 만든 천막
- 자동차
- 벽에 칠한 페인트
- 핸드폰
- 간판
- 오토바이
- 스티로폼
- 합성 섬유로 만든 옷
- 운동화
- 생수병
- 책가방
- 과자 봉지
- 아스팔트 도로
- 잉크

음식에 들어 있는 에너지 양을 찾아라!

우리가 먹는 음식에도 에너지가 들어 있어요. 이 에너지의 양을 '열량'이라고 하고, 칼로리(cal) 단위로 표시해요. 음식에 들어 있는 이 에너지로 사람은 체온을 일정하게 유지하고, 운동을 하고, 공부도 해요.
밥 한 공기에 들어 있는 에너지는 300칼로리 정도예요. 이건 석유 35밀리리터(ml)에 들어 있는 에너지와 비슷한 양이에요. 작은 자동차가 1킬로미터(km) 정도 갈 수 있고, LED 전등을 7시간 정도 켜 놓을 수 있는 양이지요.

에너지 소비 효율 등급을 찾아라!

냉장고, 에어컨, 자동차 같은 제품에 에너지 소비 효율 등급을 표시해요. 효율 등급이 가장 좋은 1등급부터 가장 나쁜 5등급까지 표시되어 있지요. 사람들은 이 표시를 보고 사려는 제품이 에너지를 많이 사용하는지, 적게 사용하는지를 알 수 있어요. 에너지 소비 효율 등급이 높은 제품을 사용하면 에너지를 아낄 수 있어요.

볼록 렌즈로 태양 에너지 모으기

볼록 렌즈는 렌즈의 가운데 부분이 가장자리 부분보다 두꺼운 렌즈예요.
볼록 렌즈로 햇빛을 모을 수 있어요. 단, 렌즈를 눈에 대고
햇빛을 직접 바라보면 화상을 입을 수 있으니 조심해야 해요.

❶ 볼록 렌즈와 종이 사이의 거리를 조절하며 햇빛을 모아요.

❷ 햇빛이 한곳에 모이면 종이가 타기 시작해요. 불이 날 수도 있으니 너무 오랫동안 하면 안 돼요.

태양열 조리기 만들기

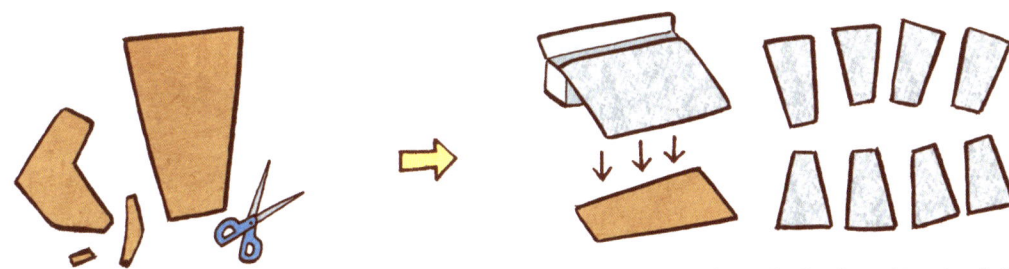

① 상자를 모양대로 잘라요.

② 자른 종이 조각에 알루미늄 호일을 판판하게 붙여요.

③ 조각을 스카치테이프로 붙여서 연결해요.

④ 치즈나 초콜릿 조각을 넣은 작은 은박 컵이나 통조림통을 조리기 가운데에 놓아요.

⑤ 약 15분 정도 햇빛 아래 놓아둔 뒤, 치즈나 초콜릿의 변화를 관찰해요.

• 태양열 조리기가 햇빛을 받으면 아주 밝고 뜨거우므로, 반드시 색안경을 쓰고 냄비 장갑을 낍니다.

나는야 에너지 지킴이

에너지를 만들 자원은 점점 줄어들고 있어요.
에너지를 효율적으로 사용할 수 있는 방법을 알아보아요.
작은 노력이 모이면 지구를 더 아름답게 만들 수 있어요.

선풍기 사용하기

작가의 말

여러분을 위해 에너지에 관한 책을 쓰게 되어서 기쁘게 생각해요. '에너지'라는 말이 어렵지요? 어른들도 에너지를 이해하기 어려워해요. 그래서 에너지에 대해 관심이 별로 없지요.
하지만 에너지는 공기처럼 우리 주위 어디에나 있어요. 또 공기가 없으면 숨쉴 수 없듯이 에너지가 없으면 움직일 수 없어요. 그러니까 에너지에 대해 조금 알아 두는 것도 좋겠지요.
에너지는 어디에 있을까요? 에너지는 눈에 보이지도 않고 만질 수도 없어요. 하지만 사람들은 점차 먹는 음식이나 바람, 물, 햇빛에 에너지가 있다는 걸 알게 되었어요. 또 나무, 석탄, 석유 등에도 에너지가 있고 이용할 수도 있다는 걸 알았지요. 놀라운 사실은 우리가 살아가는 데 필요한 대부분의 에너지는 태양으로부터 온다는 거예요. 햇빛이 없으면 식물도 동물도 살 수 없어요. 물도 바람도 순환하지 않아요. 세상은 멈춰 버릴 거예요. 요즘 들어 이런 태양 에너지에 대해 관심이 더욱 높아졌어요. 무한한 태양 에너지를 이용해 전기 에너지를 만드는 방법이 연구되었거든요.
그동안은 대부분 석탄, 석유, 천연가스 같은 화석 연료를 이용해 전기 에너지를 만들었어요. 하지만 화석 연료는 에너지를 만드는 과정에서 이산화탄소나 질소 산화물 같은 독성 물질을 내놓아요. 또 화석 연료는 쓰면 점점 없어지지요. 우라늄 원자가 깨지면서 발생하는 에너지를 전기 에너지로 만들기도 해요. 하지만 이런 원자력 발전은 언제나 방사능 누출의 위험이 도사리고 있지요. 그래서 사람들은 태양 에너지처럼 친환경적이고 계속해서 사용할 수 있는 미래의 에너지를 찾고 있어요. 미래를 살아갈 여러분들이 세상을 움직이는 힘인 에너지에 대해 이해하고 관심을 갖는 데 이 책이 도움이 되길 바랍니다.

—이필렬

네버랜드 자연학교 (전12권) | 네버랜드 자연학교는 우리를 둘러싼 자연과 환경을 보고, 이해하고, 활동하며 생각을 키워 줍니다. 나아가 자연과 더불어 사는 삶으로 이끌어 줍니다.
구성 : 바다 | 숲 | 강 | 습지 | 논과 밭 | 나무 | 씨앗 | 풀 | 돌 | 흙 | 물 | 에너지

에너지는 세상을 움직여

초판 제1쇄 발행일 2018년 12월 25일
초판 제3쇄 발행일 2021년 2월 28일
글 이필렬 그림 이경석
발행인 박헌용, 윤호권
발행처 (주)시공사
주소 서울시 성동구 상원1길 22
전화 문의 02-2046-2800
홈페이지 www.sigongsa.com / www.sigongjunior.com

글 ⓒ이필렬, 2018 | 그림 ⓒ이경석, 2018

이 책의 출판권은 (주)시공사에 있습니다.
저작권법에 의해 보호를 받는 저작물이므로, 무단 전재와 무단 복제를 금합니다.

ISBN 978-89-527-8231-1 77400 ISBN 978-89-527-8219-9(세트)

홈페이지 회원으로 가입하시면 다양한 혜택이 주어집니다.
잘못 만들어진 책은 구입하신 곳에서 바꾸어 드립니다.